...... Hamza
Hasna Dabboussi

Conception et développement d'un portail web

Asma Hamza
Hasna Dabboussi

Conception et développement d'un portail web

Éditions universitaires européennes

Impressum / Mentions légales
Bibliografische Information der Deutschen Nationalbibliothek: Die Deutsche Nationalbibliothek verzeichnet diese Publikation in der Deutschen Nationalbibliografie; detaillierte bibliografische Daten sind im Internet über http://dnb.d-nb.de abrufbar.
Alle in diesem Buch genannten Marken und Produktnamen unterliegen warenzeichen-, marken- oder patentrechtlichem Schutz bzw. sind Warenzeichen oder eingetragene Warenzeichen der jeweiligen Inhaber. Die Wiedergabe von Marken, Produktnamen, Gebrauchsnamen, Handelsnamen, Warenbezeichnungen u.s.w. in diesem Werk berechtigt auch ohne besondere Kennzeichnung nicht zu der Annahme, dass solche Namen im Sinne der Warenzeichen- und Markenschutzgesetzgebung als frei zu betrachten wären und daher von jedermann benutzt werden dürften.

Information bibliographique publiée par la Deutsche Nationalbibliothek: La Deutsche Nationalbibliothek inscrit cette publication à la Deutsche Nationalbibliografie; des données bibliographiques détaillées sont disponibles sur internet à l'adresse http://dnb.d-nb.de.
Toutes marques et noms de produits mentionnés dans ce livre demeurent sous la protection des marques, des marques déposées et des brevets, et sont des marques ou des marques déposées de leurs détenteurs respectifs. L'utilisation des marques, noms de produits, noms communs, noms commerciaux, descriptions de produits, etc, même sans qu'ils soient mentionnés de façon particulière dans ce livre ne signifie en aucune façon que ces noms peuvent être utilisés sans restriction à l'égard de la législation pour la protection des marques et des marques déposées et pourraient donc être utilisés par quiconque.

Coverbild / Photo de couverture: www.ingimage.com

Verlag / Editeur:
Éditions universitaires européennes
ist ein Imprint der / est une marque déposée de
OmniScriptum GmbH & Co. KG
Heinrich-Böcking-Str. 6-8, 66121 Saarbrücken, Deutschland / Allemagne
Email: info@editions-ue.com

Herstellung: siehe letzte Seite /
Impression: voir la dernière page
ISBN: 978-3-8417-4764-8

Remerciement

Avec un grand plaisir, nous réservons ces lignes de reconnaissance à tous ceux qui ont contribué à l'élaboration de ce travail.

Tout d'abord, nous tenons à remercier la Société CSP « CHNITI SOFT PRO » qui nous a bien accueillis. Nous remerciant Mr Mohamed Bechir Chniti d'avoir accepté de nous recueillir pour réaliser notre projet de fin d'études dans son unité.

Nous tenons aussi à remercier Mme Souad Meddeb, Mme Maroua Kammoun et M. Sabri Khssibi, qui nous ont honorés de son encadrement au sein de l'Université durant le déroulement du projet. Nous la remercions profondément pour ces conseils de valeur, pour son encouragement continu et aussi d'être toujours à notre côté pour nous aider et nous guider à retrouver le bon chemin. Nous tenons aussi à remercier les respectables membres de jury pour bien vouloir nous accorder leur temps précieux pour commenter, discuter et juger notre travail.

Nous ne pouvons achever notre mémoire sans exprimer notre gratitude à tous les professeurs de l'Institut Supérieur des arts Multimédia qui nous ont transmis leur savoir-faire dans les meilleures conditions.

Dédicaces

Je dédie ce travail résultat de mes études au sein de l'institut supérieur des arts multimédias de la Mannouba

À mon père et ma mère

Qui m'ont allumé la chandelle de la vie et je n'oublie jamais leur amour et leur année de sacrifice. Je serai éternellement reconnaissante que dieu les protège.

À mon frère et ma sœur

Pour leur sincère effort et soutien moral et affectueux qui 'ils m'ont toujours apporté, auquel je souhaite beaucoup de joie, de bonheur, de réussite et de succès dans leur vie.

Asma

Dédicace

À ma mère et mon Père

Pour les sacrifices consentis à mon égard et pour leurs confiances inestimables je ne trouverai jamais assez de mots pour les remercier et leur confirmer mon profond amour que ce travail soit l'humble gratitude d'une jeune fille reconnaissante…

À mes sœurs

Je les remercie infiniment pour tout ce qu'elles ont fait pour moi

Que Dieu nous garde toujours unis, heureux

À tous mes amis

Qui n'ont cessé de m'encourager et me soutenir tout au long de cette période de stage, qui ont toujours été là pour m'appuyer et soutenir.

À tous mes enseignants depuis le primaire jusqu'au supérieur

En reconnaissance des efforts qu'ils ont fournis pour parfaire ma formation.

À tous ceux que j'aime

Et à tous ceux qui auraient voulu partager ma joie…

Avec tous mes respects et toute ma gratitude.

Hasna

Liste des figures

Liste des tableaux

Sommaire

CHAPITRE 1 : Introduction générale

Introduction

Le Portail web est un concept général « Portail », offre un point d'entrée unique vers les informations et les services dont les internautes ont besoin. Exemples : Yahoo, MSN (Live), Skynet ...

Le portail cherche à attirer et à fidéliser les internautes pour collecter des informations sur ses utilisateurs afin de personnaliser leurs relations et d'offrir un maximum de services en ligne ; le public devient producteur de services.

Les portails attirent le plus large public pour devenir leur page d'entrée systématique sur le Web: c'est un annuaire de liens, un moteur de recherche, rubriques de contenus et d'actualité, des chats ou des forums de discussion, une lettre d'information, des services de mail, pages perso, blogs, albums photo, des jeux et des concours, etc.

1. Types de portails:

Les portails peuvent être différenciés sur la base de leur contenu et les utilisateurs visés. Ils peuvent être classés :

1.1. Portails verticaux (vortails)

Ce sont des portails web centrés sur une seule industrie ou domaine spécifique. Portails verticaux ou vortails, ils fournissent simplement des outils, des informations, des articles, des recherches et statistiques sur l'industrie spécifique.

1.2. Portails horizontaux

Ce sont des portails Web qui mettent l'accent sur un large éventail d'intérêts et de thèmes. Les portails horizontaux agissent comme un point d'entrée d'internaute dans l'Internet, fourniture de contenu sur le sujet d'intérêt et de guider vers la bonne direction pour aller chercher plus de ressources et d'informations. Des exemples classiques de portails horizontaux sont msn.com, yahoo.com, etc, qui donnent aux visiteurs l'information sur une vaste zone de sujets.

1.3. Portails Intranet (portails d'entreprise)

Ces portails sont développés et maintenus à l'usage des membres de l'intranet ou le réseau d'entreprise. Dans l'entreprise, les affaires exigent aujourd'hui la clé de la productivité des employés, elles dépendent de l'accès à l'information en temps utile. L'implantation la plus courante de l'entreprise se concentre sur des portails qui offrent aux employés des informations sur le système de gestion de documents, la disponibilité des applications à la demande, des cours de formation en ligne ainsi que la communication sous la forme d'e-mails, messagerie, web réunions, etc.

1.4. Les portails de connaissance

Portail de connaissance, facilite aux travailleurs l'accès à l'information qui est nécessaire pour eux dans une ou plusieurs des rôles spécifiques. Portails de connaissances ne sont pas de simples portails intranet car ils fournissent des fonctionnalités supplémentaires comme les services de collaboration, des services sophistiqués de recherche d'information et une carte des connaissances.

1.5. Portails d'entreprise

Un portail d'entreprise fournit un accès personnalisé à une gamme appropriée de l'information sur une entreprise donnée.

1.6. Portails Marketspace

Marketspace portail existe pour soutenir l'entreprise à entreprise et entreprise-à-client e-commerce.

Fonctionnalités :

- support logiciel pour les transactions e-commerce
- accès à des informations riches sur les produits disponibles à la vente
- capacité de participer à des groupes de discussion avec d'autres fournisseurs ou acheteurs. [N1]

2. Le choix du sujet :

On a choisi de créer un portail web de loisir pour les jeunes parce que de nos jours le portail web permet de présenter un contenu très visible auprès des utilisateurs.

Les internautes peuvent donner un commentaire, discuter et en même temps télécharger des vidéos.

3. Problématique :

Notre projet de fin d'études consiste à réaliser un portail web, un véritable outil de communication et un puissant outil de marketing. Le portail crée s'intitule « Mag.net » aborde le thème de divertissement et loisir (séries, films, actualité, documentaire).

4. Les objectifs du portail

Le portail permet aux internautes de :

- Suivre les dernières actualités (Politiques, Sportives, Culturelles, etc...)

- Visualiser les nouvelles séries, films et documentaire.

- Trouver leurs vidéos populaires dans le portail web.

- Une recherche au niveau de portail web.

5. Public cible :

Toute personne fait appel aux services de ce portail web.

L'internaute peut accéder seulement aux informations autorisées, faire une recherche et consulter l'administrateur.

6. Présentation de l'agence

CSP[1] est une Agence de Communication et de Création des Sites Web. Elle agit dans le secteur de Développement et des Services de Communication depuis 2009. Connu par sa qualité de travail et ses prix trop compétitifs. Les objectifs de CSP ne sont autres que la garantie et la satisfaction de ses clients en premier lieu. Sous la tutelle de ses fondateurs et son équipe technique, l'entreprise ne cesse de couvrir aux besoins du marché avec l'adaptation de ses prix et la poussée de la qualité de ses produits pour en faire la signature de l'entreprise sur le marché.

7. Organisation de rapport :

Pour présenter notre projet, on a divisé le rapport en cinq chapitres qu'ils sont : Le premier chapitre est L'introduction générale du projet. Puis un deuxième chapitre Étude de l'existant et spécification des besoins qui contient une étape d'analyse nous étudiant des sites similaires à l'activité de notre projet et nous définissons nos besoins fonctionnels. Ensuite, nous passons au chapitre Conception qui s'intéresse à la conception graphique et technique.

Et enfin un quatrième chapitre Réalisation où nous représentant l'environnement matériel, logiciel et d'autres outils pour réaliser le projet suivit par un chapitre de conclusion générale.

---

[1] Chniti soft pro

Chapitre 2 : ÉTUDE DE L'EXISTANT ET SPÉCIFICATION DES BESOINS

I.   Étude de l'existant

L'étude de l'existant consiste à mettre à plat, de façon aussi claire que possible, l'analyse qualitative et quantitative du fonctionnement actuel de la bibliothèque ou du centre de documentation.

Une analyse de l'existant comprend trois parties distinctes :

•   La première consiste à recueillir les informations ; elle est réalisée à partir d'entretiens ou de questionnaires, tableaux de bord, catalogues, études, données statistiques, etc.

•   La seconde consiste à analyser, classer et donner une vue synthétique de l'ensemble des informations collectées par domaine fonctionnel, en tenant compte des ressources humaines (nombre et profil des personnes assignées aux diverses tâches).

•   La troisième consiste à esquisser une modélisation à grosses mailles des données et des traitements.

L'état des lieux peut aboutir à une critique de l'existant qui analyse les points positifs et négatifs de l'organisation du travail déjà mise en place et dégage les améliorations à apporter : les tâches effectuées et les taches non effectuées, les services rendus et les services non rendus, etc. Cette critique sera ainsi une transition vers la 2e partie, l'analyse des besoins.

1. Exemple 1 : www. Arabsciences.com

Figure 1:Page d'accueil du site Arabsciences.com

	Dénotation	Connotation
La structure : Organisation de la page	Cette page est divisée horizontalement en deux parties : La partie en haut de la page est consacrée à la bannière, le logo et les liens	Cette structure rend le site confortable et organisé en deux grandes parties
Composition :	C'est une composition équilibrée	Une composition qui facilite la lecture, la navigation et la recherche d'information.
Logo :	Logo contient un texte : c'est un logotype	Le logo comporte le nom de domaine
Liens et boutons :	Les liens sont présentés sous forme du texte et d'images	Les boutons présentent un texte lisible et des images dans le but de faciliter la navigation.
Gamme de couleurs :	L'utilisation de deux couleurs dans la conception graphique du site ; le noir avec ses valeurs et le bleu.	Ces couleurs sont harmonieuses et vives
Choix typographie :	Utilisation d'une police simple et claire (lisible)	Choix typographie parfait

Tableau 1:Étude graphique site1

Aspect graphique

- Points forts :

- Complémentarité entre les images et le texte

- Les informations très claires (visible)

- Page d'accueil riche (texte, image, vidéo)

- Taille de la police et des icônes acceptable

- Points faibles :

- Absence des animations

- Qualité d'image pixélisée

- Logo mal placé

Aspect technique

- Points forts :

- Présence d'un moteur de recherche

- Présentation du propriétaire de site

- Présence des liens des différents services

- Présence de forum de discussion

- Possibilité de télécharger les vidéos

- Possibilité de rejoindre facebook, twitter et google plus

- Présence des flux RSS

- Points faibles :

- Absence des différentes langues

- Pas de possibilités de s'inscrit en ligne

2. Exemple 2 : www.panet.co.il

Figure 2:Page d'accueil du site panet.co.il

	Dénotation	Connotation
La structure : Organisation de la page	Cette page est divisée horizontalement en deux parties.	Les informations et les éléments sont placés au milieu de la page. Cette structure a pour but de faciliter la lecture de la page et de concentrer l'œil de l'internaute sur le milieu qui contient les informations importantes.
Composition :	C'est une composition équilibrée et organisée	Le site est composé de deux parties cette composition facilite la lecture, la navigation et la recherche d'informations
Logo :	Logo composé du texte et un élément graphique (rectangle), il contient le nom de portail en deux langues arabe et française.	C'est un logo en bilingue dans le but de développer une vision communicative de deux cultures.
Liens et boutons :	Il s'agit de deux liens : texte et image.	Ces liens sont des fragments de texte ou des images dans le but de faciliter la navigation.
Gamme de couleurs :	L'utilisation de trois couleurs ; blanc, noir et rouge dans la conception graphique du portail.	Les couleurs dominantes sont inspirées du logo ces couleurs sont harmonieuses et vives, on remarque aussi que l'interface est trop chargée par

		les couleurs d'articles insérés.
Choix typographie :	À part le logo, le choix typographique est acceptable.	Choix typographique ordinaire et correct.

Tableau 2:Étude graphique site2

Aspect graphique

- Points forts :

- Présence d'animation

- Utilisation d'une police lisible

- Page bien organisée

- Taille d'image acceptable

- Points faibles :

- Logo mal présenté

- Page d'accueil trop chargé

- La qualité d'image est moyenne

- Il ya beaucoup des liens à gauche qui nous donne l'impression de charger la page ces liens peuvent perturber la navigation.

Aspects techniques

- Points forts :

- Présence d'un moteur de recherche.

- Présence des liens des différents services.

- Présence de forum de discussion.

19

- Possibilité de télécharger les vidéos.

- Possibilités de s'inscrit en ligne.

- • Points faibles :

- Site trop chargé par des liens

3. Exemple 3 : www.mayfootekchay.tv

Figure 3: Page d'accueil du site mayfootekchay.tv

	Dénotation	Connotation
La structure : Organisation de la page	Cette page se divise horizontalement en deux parties La première zone en haut est consacrée à la bannière le logo et les liens et la deuxième partie consacrée aux informations.	Une organisation simple qui facilite la lecture des informations et l'accès aux autres pages du site.
Composition :	C'est une composition équilibrée.	Le site est composé de deux parties qui sont équilibrées cette composition facilite la lecture, la navigation et la recherche d'informations.
Logo :	Logo contient un texte avec trois couleurs (vert, rouge et blanc) La typographie constituée de deux mots écrits en corps gras (Mayfoutekchay) et en corps italique (TV).	C'est un logo contient le nom de domaine Logo très simple
Liens et boutons :	Les liens sont présentés sous forme du texte et d'image avec des couleurs qui s'inspirent de logo et la couleur change au moment où on clique sur les liens.	Les liens représentent des textes lisibles et des images dans le but de faciliter la navigation.

Gamme de couleurs :	Dominance de trois couleurs dans le site : vert, blanc et noir.	Les couleurs donnent un effet sur l'esthétique et sur le message pour faciliter la lecture du texte.
Choix typographie :	Utilisation d'un caractère simple et claire (lisible).	Choix typographie simple.

Tableau 3: Étude graphique site3

Aspect techniques

- Points forts :
- Présence d'un moteur de recherche.
- Présence d'images avec des textes
- Utilisation d'une typographie standard bien lisible.

- Points faibles :
-Absence d'animation

II.   Spécification des besoins

Introduction

Cette partie est importante pour le départ de notre projet, car à ce niveau nous devons présenter les besoins d'utilisateur qui nous permettent de mieux comprendre notre système. Pour ce faire, nous allons tout d'abord identifier les acteurs puis la description des besoins fonctionnelle et ensuite nous allons présenter le sujet à réaliser en définissant les besoins fonctionnels et les besoins non fonctionnels du portail web. Finalement, nous présentant la spécification semi-formelle des besoins à travers les diagrammes des cas d'utilisation et les diagrammes de séquences.

1. Spécification fonctionnelle
- Partie consacrée pour Administrateur :

Toute personne a tous les droits d'accès et les privilèges aux différents modules de :

- Gestion des membres :

Permet de gérer les membres de portail web (lister, ajouter, modifier ou supprimer les listes des membres).

- Responsable du contenu :
- ➢ Il gère le contenu du portail (Articles, Films, Séries, Documentaires).
- ➢ Il gère les Flux RSS.
- ➢ Il gère les newsletters.

- Partie consacrée pour Membre :

Toute personne qui peut accéder aux services de forums du portail web.

- Partie consacrée pour Internaute :

Toute personne fait appel aux services de portail web.

- L'internaute peut accéder seulement aux informations autorisées, faire une recherche, contacter l'administrateur.

3. Spécification non fonctionnelle

Les besoins non fonctionnels doivent essentiellement respecter les contraintes suivantes :

3.1. Contraintes esthétiques

Être homogène et cohérent avec le contexte des différentes informations qu'il va véhiculer pour permettre à ses visiteurs d'identifier facilement ses différentes rubriques.

Être attrayant pour plaire aux visiteurs qui sont majoritairement des jeunes en présentant un contenu et un design approprié.

Pendre en considération le public ciblé et donc offrir un aspect à la fois sérieux, professionnel et convivial avec des mises à jour fréquentes par rapport au contenu qui circule dans le même contexte.

Possède un caractère spécifique à lui, une identité visuelle qui le caractérise tout en prenant en compte les connaissances acquises et les habitudes des internautes cherchant ce type de contenu.

3.2. Contraintes techniques

- La compatibilité de l'affichage avec les résolutions les plus courantes des écrans.

- L'adaptation des mêmes dimensions pour toutes les pages du portail (en largeur).

- L'optimisation du temps de chargement des pages web.

- Le portail doit être hébergé sous une plate-forme supportant les modules nécessaires à son exécution (le serveur Apache, PHP, et Mysql).

- Les titres des pages, des rubriques ainsi que l'adresse du portail doivent être choisis d'une façon judicieuse facilitant son référencement sur la toile.

3.3. Contraintes ergonomiques

L'ergonomie est la façon de rendre un site utilisable par le plus grand nombre de personnes avec un maximum de confort et d'efficacité.

4. Spécifications semi-formelles des besoins

Le langage de modélisation choisi est le langage **UML** (Unified Modeling Language) où (**L**angage de **M**odélisation objet **U**nifié).

UML est un support de communication performant, qui facilite la représentation et la compréhension de solutions objet :

- sa notation graphique permet d'exprimer visuellement une solution objet, ce qui facilite la comparaison et l'évaluation de solutions.

- l'aspect formel de sa notation limite les ambiguïtés et les incompréhensions.

- son indépendance par rapport aux langages de programmation, aux domaines d'application et aux processus, crée un langage universel.

UML permet de représenter un système selon différentes vues complémentaires : les diagrammes. Un diagramme UML est une représentation graphique, qui s'intéresse à un aspect précis du modèle : c'est une perspective du modèle. [N2]

4.1. Diagramme de cas d'utilisation

Les diagrammes des cas d'utilisation identifient les fonctionnalités fournies par le système (cas d'utilisation), les utilisateurs qui interagissent avec le système (acteurs), et les interactions entre ces derniers. Les cas d'utilisation sont utilisés dans la phase d'analyse pour définir les besoins de "haut niveau" du système.

4.1.1. Digramme de cas d'utilisation relatif à l'administrateur:

L'administrateur est l'acteur qui a les droits d'accès aux diverses fonctions du portail à travers son login et mot de passe.

- **Cas d'utilisation gestion des services :** l'administrateur doit gérer les services existant dans le portail.
- **Cas d'utilisation gestion des vidéos :** l'administrateur a le droit d'afficher, modifier, ajouter ou supprimer les vidéos (films, séries et documentaires).
- **Cas d'utilisation gestion des articles :** l'administrateur a le droit d'afficher, modifier, ajouter ou supprimer les articles
- **Cas d'utilisation gestion des membres :** Permet à l'administrateur d'ajouter, supprimer un membre.
- **Cas d'utilisation ajout d'un membre :** cette fonctionnalité permet à l'administrateur d'ajouter un membre
- **Cas d'utilisation supprimer un membre :** cette fonctionnalité permet à l'administrateur de supprimer un membre.

- **Cas d'utilisation afficher liste des membres** : cette fonctionnalité permet à l'administrateur de vérifier la liste des membres inscrits dans le portail.

- **Cas d'utilisation s'authentifier :** l'administrateur doit authentifier par son nom d'utilisateur et son mot de passe pour la sécurité de l'application et pour qu'il puisse mettre à jour le contenu de portail, envoyer un e-mail au membre inscrit dans le site.

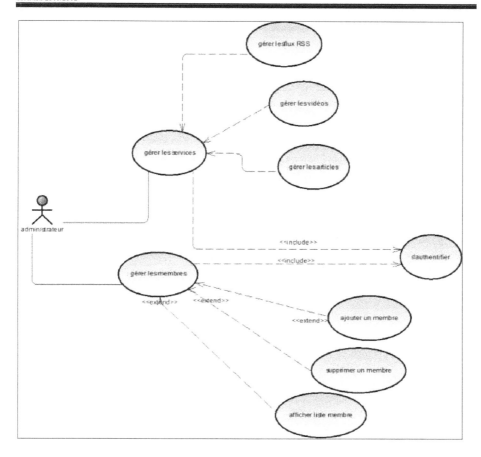

Figure 4: Diagramme de cas d'utilisation pour l'administrateur

4.1.2. Digramme de cas d'utilisation relatif à l'internaute et membre:

- **Cas d'utilisation** « **s'inscrire** » : l'internaute peut s'inscrire au portail pour qu'il soit membre de portail web (espace membre). Ce cas d'utilisation ne commence que si la page d'accueil s'affiche.

- **Cas d'utilisation** « **s'abonner aux newsletters** »: l'internaute peut s'inscrire aux newsletters pour recevoir les nouveautés de portail.

- **Cas d'utilisation** « **visionner des vidéos** »: l'internaute peut visionner les vidéos des films, séries et documentaires.

- **Cas d'utilisation** « **faire une recherche** »: l'internaute peut chercher les vidéos ou les articles existants dans le portail. Ce cas d'utilisation ne commence que si l'une des pages des rubriques de portail (Accueil, Articles, Films, Séries ou Documentaires) s'affiche.

- **Cas d'utilisation** «**gérer son profil** »: le membre peut modifier son profil en modifiant ces données ; mot de passe, login, nom,

- **Cas d'utilisation** «**participer aux forums**» : le membre peut participer dans l'espace de discussion ou il peut poser des sujets concernant le thème de portail.

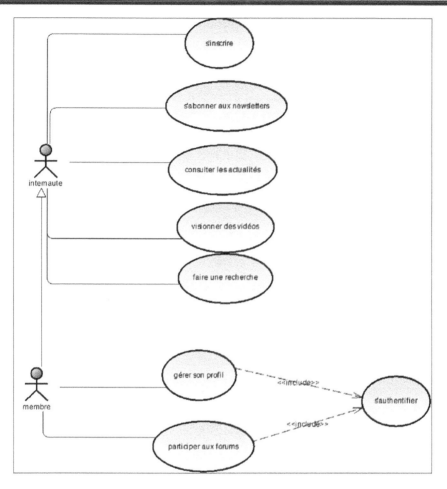

Figure 5: Diagramme de cas d'utilisation pour l'internaute et membre

4.2. Diagramme de séquence

Les diagrammes des séquences documentent les interactions à mettre en œuvre entre les classes pour réaliser un résultat, tel qu'un cas d'utilisation. Ce diagramme énumère des objets horizontalement, et le temps verticalement. Il modélise l'exécution des différents messages en fonction du temps.

4.2.1. Diagramme de séquence relatif au cas d'utilisation «s'inscrire » :

Ce digramme est relatif au cas d'utilisation « s'inscrire » dont l'internaute peut faire une inscription dans le portail en saisie les données de formulaire qui contient le nom, prénom, login qu'est son adresse mail, pseudo et un mot de passe.

L'application web envoie les cordonnées de l'internaute à la base de données ou la base vérifier les données et envoie la réponse si les coordonnées sont correctes il ya un affichage de message de confirmation sinon on a affichage de message d'erreur pour vérifie les coordonnées saisies.

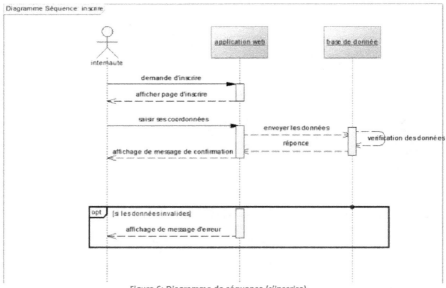

Figure 6: Diagramme de séquence (s'inscrire)

4.2.2. Diagramme de séquence relatif au cas d'utilisation «Authentification » :

Ce digramme est relatif au cas d'utilisation « Authentification » dont l'administrateur accède à l'espace administrateur et le système affiche l'interface d'authentification .L'administrateur saisie son login et mot de passe .Le système vérifie les données si les coordonnées sont correctes

Le système affiche l'espace administrateur sinon affichage de message d'erreur.

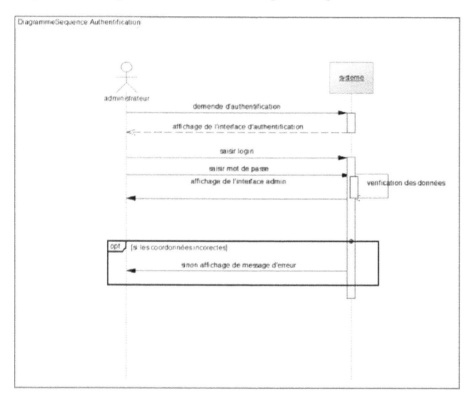

Figure 7: Diagramme de séquence (Authentification)

31

CHAPITRE 3: CONCEPTION

Introduction

La conception est une étape très importante : elle représente toute la phase de recherche avant la réalisation de notre portail. Cette phase se base sur la synthèse relevée de l'étude de l'existant et sur la spécification de besoin. Pour concevoir notre portail, nous sommes passés par plusieurs étapes.

I. Conception graphique

Lors de cette étape, nous allons essayer de mettre en harmonie la couleur, les formes et la typographie. Le logo est notre point de départ pour l'élaboration de la charte graphique de notre application.

1. Présentation du produit

Sujet : Portail web pour le loisir des jeunes

Type de support : réseau international internet

Marché visé : essentiellement le public qui maitrise la langue arabe

2. Charte graphique

La charte graphique est un document de travail comprenant les recommandations d'utilisation et les caractéristiques des différents éléments graphiques (logos, couleurs, polices, symboles, calques…) qui peuvent être utilisés sur notre support de travail. La charte graphique permet de garantir l'homogénéité et la cohérence de la communication visuelle au sein de notre site.[N3]

2.1. Choix des couleurs

Vert : exprime le renouveau, la germination, la jeunesse, la fraicheur des informations.

Orangés : présente l'activité, la joie de vivre, l'activation.

Gris : ce prêt bien avec quasiment toutes les couleurs.

Blanc : L'utilisation du blanc amène de la simplicité et permet de faire ressortir les autres couleurs. [N4]

2.2. Choix des formes et des lignes

Pour concevoir notre interface, nous avons opté pour la forme rectangulaire à coins arrondis qui symbolise la stabilité, la vérité. Ces formes sont utilisées pour contenir des informations, encadrer certains objets.

Les rectangles sont présentés à l'horizontale pour donner impression d'équilibre. Les angles arrondis empêchent que la stabilité tire vers la rigidité ou la froideur.

2.3. Choix de la typographie

Pour la totalité de notre texte en langue arabe, nous avons utilisé comme caractère de base « SC-TARABLUS REGULAR» et au moment de la conception du logo une légère déformation effectuée sur les lettres, nous donne un autre style de caractère qui symbolise notre thème.

2.4. Étude de logo

Le nom de portail est une appellation exigée par le client «Mag net». Le nom de portail composé de deux mots ; « Mag», c'est le magazine et « Net», c'est le réseau mondial qui englobe le plus grand nombre de navigateurs.

2.5. Conception logo

Pour le choix final du logo, nous nous sommes basées sur des exemples à travers des recherches que nous avons réalisées :

Proposition1 :

Figure 8:logo proposition 1

Proposition2 :

Figure 9:logo proposition 2

Proposition validée :

Figure 10:logo proposition 3

Ce logo a été validé par le client. Le logo validé arrive après la conception de plusieurs propositions. En creusant dans la conception, on peut toujours trouver des critiques sur le choix du logo.

2.6. Scénario maquette

Dans cette partie nous allons créer la première page, la page d'accueil

Icône flux	Icône Googl	Icône faceboo	Icône twiter		Logo

Navigation primaire

Galerie photo

Contenue	Zone de recherche
	Zone inscription
	Zone connexion
	Affichage
	Affichage

Liens

Croquis de la page d'accueil

Quelques recherches graphiques de la page d'accueil

Figure 11:1ère proposition

Figure 12:2ème proposition

Figure 13:3ème proposition

Figure 14:page d'accueil validé

Notre page est constituée de 3 parties principales :

- la partie supérieure pour le logo

- la partie centrale contient elle-même une partie navigation et une partie contenue

- la partie inférieure pour le pied de page

Prendre en compte tous les paramètres évoqués ci-dessus, c'est comprendre comment aménager un site pour présenter au bon endroit et au bon moment l'information, la navigation et les actions.

- Le portail présente son identité au visiteur avec un logo et quelques icônes.
- Le portail affiche la navigation permettant au visiteur de circuler dans le site.
- Le portail intègre une photographie ayant une fonction argumentative dans la perception de l'information et apporte une homogénéité au contenu global.

La galerie photo repose sur un design soigné et adapté à l'activité du portail. Elle donne du sens et de la matière à la page d'accueil. Les accès à la recherche et au compte sont bien mis en avant et parviennent à attirer l'attention.

Notre portail accueille à la fois les nouveaux arrivants qui ont toujours besoin de plus d'informations que les autres et les habitués qui ont besoin de chemins raccourcis pour gagner du temps. L'important est d'une part de convertir ces nouveaux arrivants, et d'autre part, fidéliser un peu plus les visiteurs habituels. Le menu secondaire joue mieux son rôle d'indicateur et de guide en bas de page.

Pour cela la qualité et la quantité des informations qui se trouvent dans la page d'accueil sont un moyen pour faire comprendre au visiteur ce que nous pouvons lui apporter.

2.7. Les pages internes de portail

Figure 15:Page films arabe

Figure 16:Page films étrangers

Figure 17:Page séries française

Figure 18:Page séries arabes

Figure 19:Page article culturelle

45

Figure 20:Page article économique

Figure 21:Page article politique

Figure 22:Page article sport

Figure 23:Page documentaire

Figure 24:Page inscription

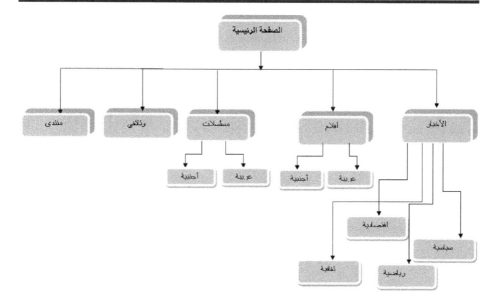

Schéma de navigation.

I. Conception technique :

Dans cette étape, nous entamons la conception technique de portail web .Nous commençons par une conception générale, puis nous abordons une conception détaillée.

1. Conception générale : Diagramme de composants

Le diagramme de composants permet de décrire l'architecture physique et statique d'une application en termes de modules : fichiers sources, librairies, exécutables, etc. Il montre la mise en œuvre physique des modèles de la vue logique avec l'environnement de développement. [N5]

Dans notre portail, le diagramme ci-dessous représente le diagramme de composants dont les différentes relations entre les composants sont :

- Le composant « connection_bd.php » c'est la page qui contient les paramètres de connexion de la base.

- Le composant «Répertoire de film»: le répertoire qui contient les films existant dans le portail.
- Le composant «Base de données» :
- Le composant «Film.php : la page film de portail qui est créé par le logiciel Dreamweaver.

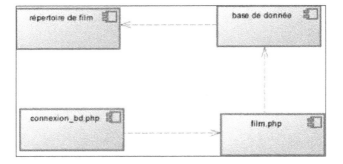

Figure 25: Diagramme de composant

1. Conception détaillée

2.1. Vue statique : Diagramme de classe

Le diagramme de classes est un schéma utilisé en génie logiciel pour présenter les classes et les interfaces des systèmes ainsi que les différentes relations entre celles-ci. Ce diagramme fait partie de la partie statique d'UML, car il fait abstraction des aspects temporels et dynamiques. [N4]

Dans notre projet, le diagramme ci-dessus présente le diagramme de classes dont la description de ses différentes classes est la suivante:

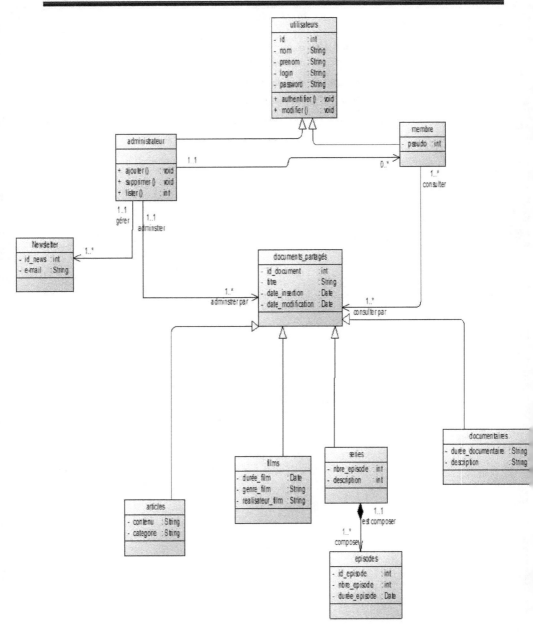

54

Figure 26:Diagramme de classe

Classe Utilisateur : Les attributs de cette classe sont:

- id : permet d'identifier chaque utilisateur. Cet attribut est de type entier.
- Nom : c'est le nom de l'utilisateur. Cet attribut est de type chaine de caractère.
- Prenom : c'est le prénom de l'utilisateur. Cet attribut est de type chaine de caractère.
- Login : c'est le login de l'utilisateur. Cet attribut est de type chaine de caractère.
- Password : c'est le mot de passe de l'utilisateur. Cet attribut est de type chaine de caractère.
- Modifier_profil() :est une méthode qui permet modifier les données de l'utilisateur.
- Authentifier () : est une méthode qui permet de vérifier le login et le mot de passe de l'utilisateur.

Classe administrateur : Les attributs de cette classe sont:

- Login : c'est le login de l'administrateur. Cet attribut est de type chaine de caractère.
- Password : c'est le mot de passe de l'administrateur. Cet attribut est de type chaine de caractère.
- Modifier_profil() :est une méthode qui permet modifier les données de l'utilisateur.
- Authentifier () : est une méthode qui permet de vérifier le login et le mot de passe de l'administrateur.
- Ajouter () : est une méthode qui permet d'ajouter les modules de newsletters et les documents_partagés
- Supprimer () : est une méthode qui permet de supprimer les modules de neswletters et les documents_partagés
- Modifier () : est une méthode qui permet de modifier les modules de newsletters et les documents_partagés

Classe membre: Les attributs de cette classe sont:

- id : permet d'identifier chaque membre. Cet attribut est de type entier.
- Nom : c'est le nom de membre. Cet attribut est de type chaine de caractère.
- Prenom : c'est le prénom de membre. Cet attribut est de type chaine de caractère.
- Login : c'est le login de membre. Cet attribut est de type chaine de caractère.
- Password : c'est le mot de passe de membre. Cet attribut est de type chaine de caractère.

55

- Modifier_profil() :est une méthode qui permet de modifier les données de membre.
- Authentifier () : est une méthode qui permet de vérifier le login et le mot de passe de membre.

Classe documents_ partagées : Les attributs de cette classe sont:

- Id_document : permet d'identifier chaque documents_paratgées. Cet attribut est de type entier.
- Titre : c'est le titre de documents_partagées. Cet attribut est de type entier.
- Date_insertion :c'est la date d'insertion de documents_partagées. Cet attribut est de type date.
- Date_modification : c'est la date de modification de documents_partagées. Cet attribut est de type date.

Classe articles : Les attributs de cette classe sont :

- Id_document : permet d'identifier chaque article. Cet attribut est de type entier.
- Titre : c'est le titre de l'article. Cet attribut est de type entier.
- Date_insertion :c'est la date d'insertion de l'article. Cet attribut est de type date.
- Date_modification : c'est la date de modification de l'article. Cet attribut est de type date.
- Contenu : c'est le contenu de l'article. Cet attribut est de type chaine de caractère.
- Categorie : c'est la catégorie de l'article. Cet attribut est de type chaine de caractère.

Classe films : Les attributs de cette classe sont:

- Id_document : permet d'identifier chaque film. Cet attribut est de type entier.
- Titre : c'est le titre de l'article. Cet attribut est de type entier.
- Date_insertion :c'est la date d'insertion de film. Cet attribut est de type date.
- Date_modification : c'est la date de modification de film. Cet attribut est de type date.
- Durée_film : c'est la durée de film. Cet attribut est de type entier.
- Genre_film :c'est le genre de film. Cet attribut est de type chaine de caractère.

Classe series : Les attributs de cette classe sont:

- Id_document : permet d'identifier chaque série. Cet attribut est de type entier.
- Titre : c'est le titre de série. Cet attribut est de type entier.
- Date_insertion :c'est la date d'insertion de série. Cet attribut est de type date.

56

- Date_modification : c'est la date de modification de série. Cet attribut est de type date.

Nbre_episode :c'est le nombre d'épisode de série. Cet attribut est de type entier.

- Description : c'est la description de série. Cet attribut est de type chaine de caractère.

Classe documentaires : Les attributs de cette classe sont:

- Id_document : permet d'identifier chaque documentaire. Cet attribut est de type entier.
- Titre : c'est le titre de documentaire. Cet attribut est de type entier.
- Date_insertion :c'est la date d'insertion de documentaire. Cet attribut est de type date.
- Date_modification : c'est la date de modification de documentaire. Cet attribut est de type date.
- Description : c'est la description de documentaire. Cet attribut est de type chaine de caractère.
- Durée_documentaire : c'est la durée de film. Cet attribut est de type date.

Classe épisode : Les attributs de cette classe sont:

- Id_episode : c'est l'identifier chaque épisode. Cet attribut est de type entier.
- Nbre_episode :c'est le nombre d'un épisode. Cet attribut est de type entier.
- Durée_episode :c'est la durée d'un épisode. Cet attribut est de type entier.

Classe newsletter : Les attributs de cette classe sont:

- Id_news : l'identifier chaque newsletter. Cet attribut est de type entier.
- e-mail :c'est l'e-mail. Cet attribut est de type chaine de caractère.

2.2. Diagramme d'activités

Le diagramme d'activité est un diagramme états-transitions simplifié pour lequel les états se réduisent à de simples actions ou activités et dont les transitions se déclenchent automatiquement avec éventuellement des gardes. **[N4]**

Le Diagramme de composant ajouter un article se déroule comme suit :

L'administrateur se connecte à son espace administrateur avec son login et son mot de passe, le serveur web vérifie les coordonnées de connexion, s'ils sont connectes l'espace administrateur s'affiche .L'administrateur consulte le module des articles et ajoutant un article.

L'article ajouté s'enregistre dans le serveur web et s'affiche dans l'application web.

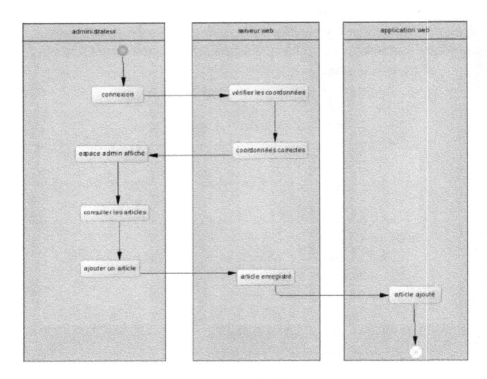

Figure 27 : Diagramme d'Activité (ajouter un article)

IV. Conception de base de données

Dans la conception de la base de données, on va présenter les tables de la base, le modèle conceptuel de données et celui de traitement.

1. Les tables de la base de données :

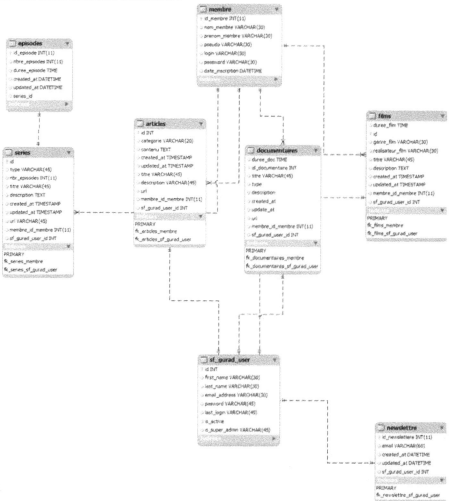

Figure 28 : schéma des tables de base de données

La table « sf_gurad_user » :

C'est table qui présente l'administrateur qui a le droit de faire des actions nécessaires pour que le portail soit bien réalisé tel que la gestion des films, séries, documentaires, des comptes membre,… la mise à jour des actualités et l'envoie des e-mails. Il faut alors qu'il indique son login :username et son mot de passe :password .

La table « membre» :

Pour que l'internaute soit inscrit dans le portail on a construire une table nommée « membre »dont ses paramètres de connexion sont login et password.

La table «newsletter» :

Pour que l'internaute soit informé de nouveauté de portail il peut inscrire dans la newsletter, pour cela on a construire la table newsletter qui contient l'email de l'inscrit.

La table « articles» :

Cette table présente un thème de portail pour cela on a présenté la table articles qu'est référencé par son id.

La table «séries» :

Cette table présente un thème de portail pour cela on a présenté la table articles qu'est référencé par son id.

La table «films» :

Cette table présente un thème de portail pour cela on a présenté la table films qu'est référencé par son id.

La table «documentaires» :

Cette table présente un thème de portail pour cela on a présenté la table documentaires qu'est référencé par son id.

CHAPITRE 4 : REALISATION

Introduction

Après avoir terminé la conception, nous allons présenter la réalisation de notre projet.

Nous allons dans ce qui suit, présenter l'environnement matériel et logiciel.

I. Environnement de travail

1. Environnement matériel:

PC

Modèle : DELL

Processeur : Intel®Core(TM) i5-2430M CPU@2.40Ghz

Mémoire installée (RAM) : 4,00 Go

Disque dur : 320GO

Système d'exploitation : Windows 7

Ordinateur HP :

Modèle : HP Pavilion dv7 Notebook PC.

Processeur : Intel (5) Core (TM) 2 Duo CPU P8700 @ 2.536GHz

Mémoire installée (RAM) :4.00 Go

Pour la mise en œuvre de notre projet, nous avons besoin d'utiliser plusieurs logiciels dont chacun est spécifique à un ensemble de fonctionnalités :

- **PHP :**

PHP est un langage de scripts libre principalement utilisé pour produire des pages Web dynamiques via un serveur HTTP. C'est un langage impératif disposant depuis la version 5 de fonctionnalités de modèle objet complètes.

Figure 29:logo PHP

- **Symfony :**

Symfony est un Framework full-stack, une bibliothèque de classes de cohésion écrite en PHP. Il fournit une architecture, des composants et des outils pour les développeurs de construire des applications web complexes plus rapidement. Symfony est basé sur l'expérience. Il ne réinvente pas la roue : il utilise la plupart des meilleures pratiques du développement Web et intègre des bibliothèques d'une tierce partie.

Figure 30:logo symfony

WAMP :

WampServer est une plate-forme de développement Web sous Windows pour des applications Web dynamiques à l'aide du serveur Apache2, du langage de scripts PHP et d'une base de données MySQL.Il possède également PHPMyAdmin pour gérer plus facilement vos bases de données.

Java script :

JavaScript est un langage de programmation de scripts principalement utilisé dans les pages web interactives, mais aussi côté serveur. C'est un langage orienté objet à prototype, c'est-à-dire que les bases du langage et ses principales interfaces sont fournies par des objets qui ne sont pas des instances de classes, mais qui sont chacun équipés de constructeurs permettant de créer leurs propriétés, et notamment une propriété de prototypage qui permet d'en créer des objets héritiers personnalisés.

Feuilles de style css :

CSS (Cascading Style Sheets : feuilles de style en cascade) est un langage informatique qui sert à décrire la présentation des documents HTML et XML.

Adobe :

Figure 31: logo des logiciels utilisés

Adobe Dreamweaver Professional CS5 :

Adobe Dreamweaver est un éditeur de site web de type WYSIWYG.Dreamweaver fut l'un des premiers éditeurs HTML de type « tel affichage, tel résultat ››, mais également l'un des premiers à intégrer un gestionnaire de site (CyberStudio GoLive étant le premier). Ces innovations l'imposèrent rapidement comme l'un des principaux éditeurs de site web, aussi bien utilisable par le néophyte que par le professionnel.

- **Adobe Flash Professional CS5 :**

C'est le logiciel de référence pour la création de contenus interactifs et la solution pour la création d'interfaces percutantes.

- **Adobe Photoshop CS5 :**

Un logiciel professionnel d'édition d'images et retouche photographique, c'est un outil indispensable pour le traitement des photos.

- **Adobe illustrator CS5 :**

Un logiciel permet de créer des dessins vectoriels originaux pour tous les projets.

2. Test d'intégration :

Nous présentant dans les figures qui suivent les interfaces que nous avons réalisées.

2.1. Présentation des interfaces du Back Office :

Pour pouvoir accéder à son compte, l'administrateur doit être authentifié par login (username) et mot de passe (password). En cliquant sur le bouton "Singin" il entre dans l'espace administrateur.

Logout   Users

Signin

Username or E-Mail

Password

Remember   ☐

Signin

Figure 32:Page authentification de l'administrateur

Logout   Users

Membre   Articles   Sans   Films   Documentaires

Articles

☐	Id	Titre	Type	Description	Url	Categorie	Contenu	Created at	Updated at	Actions
☐	2	article	none	none	none	p	حصل حزب جبهة التحرير الوطني، وهو حزب الرئيس عبد العزيز بوتفليقة، على 220 مقعدا، بعرب عرفتون من الاتحاد الأوربي	November 16, 2008 4:16 PM	June 10, 2012 10:36 PM	Edit Delete
☐	3	articles2	none	none	none	p	تلك سياسيين — (CNN) بتروت، لبنان تداثون ومصادر أسبة عقل كانفة أشخص وجرح عدد أخر من أعضاء حزب الله عقب والشبكات	October 12, 2011 6:15 AM	June 10, 2012 10:29 PM	Edit Delete
☐	4	articles3	none	none	none	p	حصل حزب جبهة التحرير الوطني، وهو حزب الرئيس عبد العزيز بوتفليقة، على 220 مقعدا، عرب عرفتون من الاتحاد الأوربي	October 16, 2014 2:15 PM	June 10, 2012 10:30 PM	Edit Delete
☐	5	articles4	none	none	none	p	إسطحاب رسالته إلى رئيس أوزراء الاسرائيلي في 17 هر تل/بابيصن الدعسي قاد مصر في الرئاسة الفلسطينية	December 17, 2007 6:16 PM	June 10, 2012 10:31 PM	Edit Delete

4 results

Choose an action ▾ go   ⊕ New

Titre
Type
Description
Url
Categorie
Contenu
Created at   from   ▾ /   ▾ /   ▾
                to   ▾ /   ▾ /   ▾
Updated at   from   ▾ /   ▾ /   ▾
                to   ▾ /   ▾ /   ▾

Reset Filter

Figure 33:Page gestion des Articles

La page gestion (figure 33) des articles permet à l'administrateur de gérer le module de l'article d'ajouter, filtrer, supprimer ou modifier les articles.

2.2. Présentation des interfaces du Front Office :

Dans cette partie nous présentons quelques interfaces de front Office après réalisation où on a modifié les tailles de pages réalisées avec illustrator se défèrent des pages réalisées de 1024px vers 900px

Figure 34:Page d'Accueil après réalisation

La figure 32 présente l'interface de page d'Accueil qui permet à l'internaute de découvrir le contenu de portail, cette interface permet de faire une recherche au niveau de portail, faire une inscription et d'accéder à l'espace membre pour les internautes inscrits au site.

Figure 35:Page Film arabe

La figure 33 présente l'interface d'une page interne de portail : film arabe où l'internaute peut visualiser les vidéos.

Figure 36:Page inscription

CHAPITRE 5 : CONCLUSION

Ce projet présent dans le rapport représente le résultat de nos trois années d'études supérieur. Il s'agit de réaliser un portail web dédié loisir.

Sur le plan technique, ce projet nous a permis d'apprendre le framwork Symfony et par la même le PHP que nous ne connaissions pas : réaliser un front office avec code PHP et un back-office avec Symfony.

Sur le plan graphique, ce projet nous a permis manipuler des différents logiciels tels qu'Adobe illustrateur pour la conception graphique, Adobe Photoshop pour le traitement d'image et Flash pour la création des animations.

Dans ce cas du portail web que nous avons réalisé, il faut que les modifications et les améliorations de ce portail ne s'arrêtent pas pour que ce dernier soit bien réalisé et bien réussissent.

Annexe

Définition de technologies utilisées

Selon les besoins de notre agence d'accueil, la première technologie utilisée c'est symfony réalisé pour la partie backoffice de portail web et la deuxième partie c'est le code php5 réalisé par le code frontoffice .

Symfony : Symfony est un Framework complet, entièrement codé en PHP5, configuré pour accélérer le développement d'applications web grâce à plusieurs fonctionnalités décisives. La première est sa structure même. Ensuite, il propose de nombreuses classes et de nombreux outils qui assistent et accélère la création d'une application web complexe. Il automatise ainsi les tâches les plus courantes, permettant de se concentrer sur les spécificités de l'application. Symfony intègre une gestion avancée dans le domaine de sécurité. Par exemple, toute la gestion des formulaires est automatiquement sécurisée afin d'éviter des attaques telles que "SQL injection". L'accès aux fichiers est sécurisé, Symfony ne possédant qu'un seul point d'entrée, il est impossible d'accéder aux divers fichiers se trouvant sur le serveur, log, config, etc. Le framework propose également des outils pour la gestion de l'authentification et des connections d'utilisateurs. Tout cela permet de garantir une gestion de la sécurité optimum. Au final, Symfony intègre une multitude d'outils assurant d'avoir une base de données de qualité et surtout extrêmement évolutive. Le code d'accès à la base de données étant généré automatiquement, il est facile de modifier le schéma de la base sans avoir à modifier le code PHP.

PHP :

- Personal Home Page est un langage de programmation complet, assez proche du C. Il fournit des structures de données, des structures de contrôle, des instructions de gestion des entrées/sorties.

Il est diffusé également sous licence libre et il permet la création de pages web dynamiques. Ce langage est maintenant portable sur plusieurs environnements et fournit des API pour les bases de données Oracle, PostgreSQL, MySQL, DB2, et est conforme aux standards ODBC et ISAPI.

Il fonctionne avec de nombreux serveurs HTTP comme Apache ou IIS (Internet Information Server) de MS.

PHP peut être utilisé seul ou combiné avec des bases de données et un serveur HTTP (Objet du TP) et il est simple à mettre en œuvre, documentée, sécurisée et fiable, de nombreux sites(FAI) comme liberty surf, free mettent cet outil à la disposition des clients.

Le Modèle MVC :

L'architecture Modèle/Vue/Contrôleur (MVC) est une façon d'organiser une interface graphique d'un programme. Elle consiste à distinguer trois entités distinctes qui sont, le modèle, la vue et le contrôleur ayant chacun un rôle précis dans l'interface.

L'organisation globale d'une interface graphique est souvent délicate. Bien que la façon MVC d'organiser une interface ne soit pas la solution miracle, elle fournit souvent une première approche qui peut ensuite être adaptée. Elle offre aussi un cadre pour structurer une application.

Dans l'architecture MVC, les rôles des trois entités sont les suivants.

Modèle : données (accès et mise à jour)

vue : interface utilisateur (entrées et sorties)

contrôleur : gestion des événements et synchronisation

Rôle du modèle

Le modèle contient les données manipulées par le programme. Il assure la gestion de ces données et garantit leur intégrité. Dans le cas typique d'une base de données, c'est le modèle qui la contient.

Le modèle offre des méthodes pour mettre à jour ces données (insertion suppression, changement de valeur). Il offre aussi des méthodes pour récupérer ses données. Dans le cas de données importantes, le modèle peut autoriser plusieurs vues partielles des données. Si par exemple le programme manipule une base de données pour les emplois du temps, le modèle peut avoir des méthodes pour avoir, tous les cours d'une salle, tous les cours d'une personnes ou tous les cours d'une groupe de Td.

Rôle de la vue

La vue fait l'interface avec l'utilisateur. Sa première tâche est d'afficher les données qu'elle a récupérées auprès du modèle. Sa seconde tâche est de recevoir tous les actions de l'utilisateur (clic de souris, sélection d'une entrée, boutons...). Ses différents événements sont envoyés au contrôleur.

La vue peut aussi donner plusieurs vues, partielles ou non, des mêmes données. Par exemple, l'application de conversion de bases a un entier comme unique donnée. Ce même entier est affiché de multiples façons (en texte dans différentes bases, bit par bit avec des boutons à cocher, avec des curseurs). La vue peut aussi offrir la possibilité à l'utilisateur de changer de vue.

Rôle du contrôleur

Le contrôleur est chargé de la synchronisation du modèle et de la vue. Il reçoit tous les événements de l'utilisateur et enclenche les actions à effectuer. Si une action nécessite un changement des données, le contrôleur demande la modification des données au modèle et ensuite avertit la vue que les données ont changée pour que celle-ci se mette à jour. Certains événements de l'utilisateur ne concernent pas les données, mais la vue. Dans ce cas, le contrôleur demande à la vue de se modifier.

Dans le cas d'une base de données des emplois du temps. Une action de l'utilisateur peut être l'entrée (saisie) d'un nouveau cours. Le contrôleur ajoute ce cours au modèle et demande sa prise en compte par la vue. Une action de l'utilisateur peut aussi être de sélectionner une nouvelle personne pour visualiser tous ses cours. Ceci ne me modifie pas la base des cours, mais nécessite simplement que la vue s'adapte et offre à l'utilisateur une vision des cours de cette personne.

Le contrôleur est souvent scindé en plusieurs parties dont chacune reçoit les événements d'une partie des composants. En effet si un même objet reçoit les événements de tous les composants, il lui faut déterminer quelle est l'origine de chaque événement. Ce tri des événements peut s'avérer fastidieux et peut conduire à un code pas très élégant (une énorme switch). C'est pour éviter ce problème que le contrôleur est réparti en plusieurs objets.

Interactions

Les différentes interactions entre le modèle, la vue et le contrôleur sont résumées par le schéma de la figure suivante :

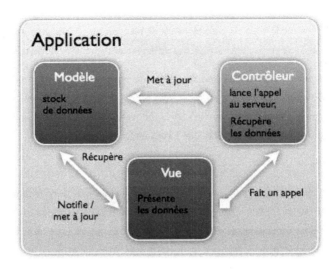

Figure 37Model MVC

BIBLIOGRAPHIE

http://www.symfony-project.org

http://www.php.net/

http://www.grafikart.fr

http://www.alsacreations.com/

http://www.commentcamarche.net/

http://fr.wikipedia.org/

NETOGRAPHIE

[N1] : www. Différents types de portail - [UNESCO - Bureau de Rabat]

[N2] : http://www.scribd.com/doc/62768524/Diagrammes-UML

[N3] : http://www.revedanges.com/couleurs-signification.htm